Inhalt

 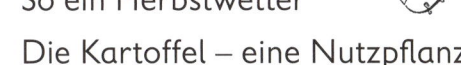

Die Neuen begrüßen

 1 Stellt euch vor, es kommen
drei Kinder neu in eure Klasse:
Lina aus Hamburg
Jamil aus Conakry
Samira aus Damaskus

Ergänze die Angaben. Suche Informationen im Internet. Nutze auch den Atlas.

Stadt: Hamburg
Land: _____

_____

Eine Sehenswürdigkeit: _____

_____

Stadt: Conakry
Land: _____

_____

Eine Sehenswürdigkeit: _____

_____

Stadt: Damaskus
Land: _____

_____

Eine Sehenswürdigkeit: _____

_____

Gehe im Internet so vor:

1. Gib als Adresse
eine Kinder-Suchmaschine
ein, zum Beispiel:
www.fragfinn.de

2. Klicke den Link an,
er öffnet sich.

3. Gib das Suchwort oder
die Suchwörter ein und
drücke auf „Los".

Adresse der
Suchmaschine

Suchbegriff   Suche starten

4. Wähle ein Suchergebnis aus.
Reichen dir die Informationen
aus? Wenn nicht, wählst du
ein weiteres Suchergebnis.

Im öffentlichen Leben kulturelle Vielfalt wahrnehmen, Kindern unterschiedlicher Herkunft begegnen und das Eigene
am Fremden entdecken, sich mithilfe des Atlas und durch Internetrecherchen über verschiedene Länder informieren

S. 2, 3

2 Stellt euch den neuen Kindern vor, zum Beispiel mit Steckbriefen.

Mein Steckbrief

Das bin ich

Mein Name: _____

Mein Geburtstag: _____

Lieblingsfächer: _____

Lieblingsmusik: _____

Lieblingsbuch: _____

Lieblingstier: _____

Lieblingsessen: _____

Hobbys: _____

_____

3 Schreibe Begrüßungsworte in verschiedenen Sprachen auf.

4 Wenn ich Jamil oder Samira wäre …
Was würde ich mir
in meiner neuen Heimat wünschen?
Schreibe, klebe Bilder auf oder
zeichne auf einem Blatt Papier.

Über sich selbst nachdenken, einen Steckbrief schreiben als Grundlage für Gespräche mit Kindern
unterschiedlicher Herkunftsländer; Gemeinsamkeiten und Unterschiede feststellen; unterschiedliche Sprachkenntnisse
als Mittel der Verständigung nutzen; Einfühlungsvermögen stärken

S. 2, 3

3

So ein Herbstwetter

1 Beratet und schreibt auf: Wer braucht Wettervorhersagen?
Warum brauchen diese Menschen die Vorhersagen?

Wer?	Warum?

2 Wo kannst du Wetterinformationen finden? Schreibe oder male.

Über die Bedeutung der Wettervorhersagen für den Menschen reflektieren, Beispiele für Personen finden,
die Wettervorhersagen z. B. zur Berufsausübung brauchen, Begründungen dafür finden; Medien notieren
oder malen, die uns über das Wetter informieren

S. 2, 3

Früher beobachteten die Bauern das Wetter und stellten
nach ihren Beobachtungen Wetterregeln auf.

3 Wähle eine Wetterregel aus.
Was bedeutet sie?

2 Bringt der Oktober viel Frost und Wind,
so sind Januar und Februar lind.

1 September schön in den ersten Tagen,
will den ganzen Herbst ansagen.

4 Viel Regen im November,
viel Wind im Dezember.

3 Fällt das Laub der Bäume schnell,
ist der Winter bald zur Stell'.

Regel

4 Schreibe eine Wetterregel in die Tabelle.
Vergleiche, ob sie zutrifft.

Oh, ich muss
aber lange Zeit
beobachten!

Wetterregel	tatsächliches Wetter

5 Wie wird das Wetter am nächsten Tag?
Suche die Information im Internet.
Notiere dein Ergebnis.

Datum:

Wetter:

Bauernregeln kennenlernen, ihre Aussagen an einem Beispiel verdeutlichen; Vorhersagen mit der Realität
vergleichen; Wetterinformationen im Internet suchen und notieren, dabei eine Kindersuchmaschine verwenden,
Suchbegriffe gezielt auswählen und eingeben

 S. 2, 3

5

Die Kartoffel – eine Nutzpflanze

Kann man eine Kartoffel auch hören?

1 Erforsche eine Kartoffel mit den Sinnen.

  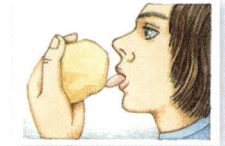 

Ich fühle: _____

Ich sehe: _____

Ich schmecke: _____

Ich rieche: _____

2 Beschrifte die Teile der Kartoffelpflanze.

Beere   Blüte   Laubblatt   Knolle   Mutterknolle   Stängel   Wurzel

Eine Kartoffelknolle mit allen Sinnen erforschen; Kennenlernen des Aufbaus einer Kartoffelpflanze, Teile benennen; wenn möglich, Anbau der Kartoffelpflanze im Schulgarten oder im Blumentopf

3 Warum sind Kartoffeln ein Grundnahrungsmittel?
Nutze für deine Erklärung das Schülerbuch (Seite 20).

In 100 Gramm (g) Kartoffeln stecken:

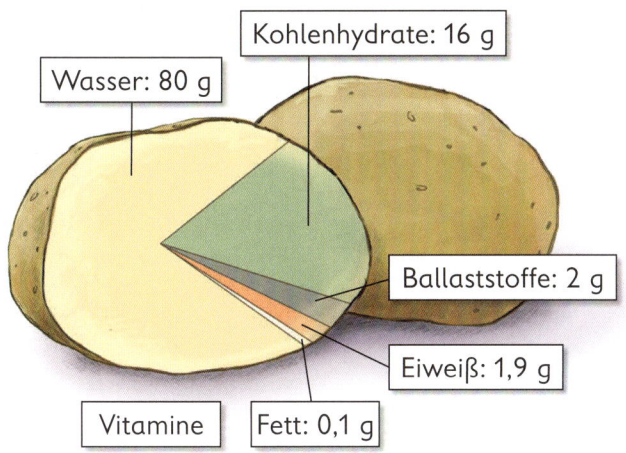

Kohlenhydrate: 16 g

Wasser: 80 g

Ballaststoffe: 2 g

Eiweiß: 1,9 g

Vitamine   Fett: 0,1 g

4 Gehe in ein Geschäft. Notiere auf einem Zettel:
Welche Kartoffelsorten werden angeboten?

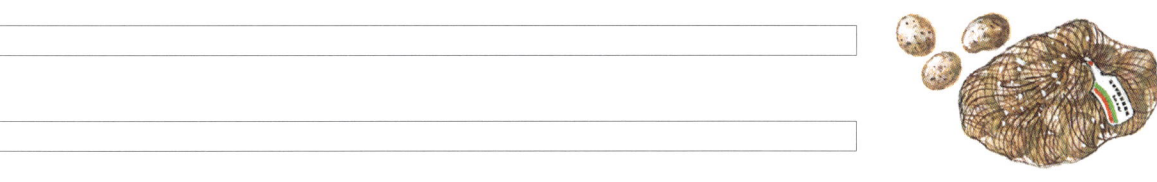

5 Wofür wird Kartoffelstärke verwendet?

Die Kartoffel als Grundnahrungsmittel kennenlernen, die Bestandteile einer Kartoffelknolle und deren Bedeutung
für eine gesundheitsfördernde Ernährung nachlesen und erklären; die Vielfalt an Kartoffelsorten entdecken;
zur Kartoffelstärke im Internet recherchieren

S. 4

7

Kinder in anderen Ländern

1 In einigen Ländern der Welt arbeiten Kinder.
Betrachte die Bilder. Schreibe Bildunterschriften.

_____   _____

2 Welche Arbeiten erledigen die Kinder? Wähle ein Bild aus.

```
┌─────────────────────────────────────────────────────┐
└─────────────────────────────────────────────────────┘

┌─────────────────────────────────────────────────────┐
└─────────────────────────────────────────────────────┘

┌─────────────────────────────────────────────────────┐
└─────────────────────────────────────────────────────┘
```

3 Schreibe zu den Bildern.

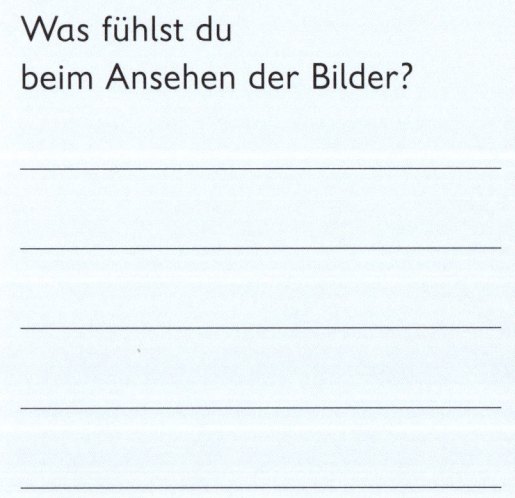

Was fühlst du
beim Ansehen der Bilder?

_____

_____

_____

_____

_____

Vermute:
Warum müssen diese Kinder arbeiten?

_____

_____

_____

_____

_____

Einblicke gewinnen in die Lebensweise von Menschen anderer Kulturen, die Fotos zur Kinderarbeit beschreiben,
Lebensbedingungen Ler Familien dieser Kinder vermuten, sich in die Lage der Kinder versetzen und die eigenen
Gefühle zum Ausdruck bringen; die Seite im Klassengespräch auswerten

4 Überall auf der Welt spielen Kinder gern.
Viele müssen ihr Spielzeug selbst bauen.
Zeichne ein Spielzeug, das du
aus altem Material bauen kannst.

 Ich habe jede Menge Spielzeug.

5 Baut eure gezeichneten Spielzeuge. Gestaltet eine Ausstellung.

6 Schreibe auf, welches Spielzeug du zu Hause hast.

Damit spiele ich oft	Damit spiele ich wenig	Damit spiele ich nicht mehr

Besprecht: Was könnt ihr mit Spielzeug, das ihr nicht mehr braucht, machen?

Über das Spielen und Spielzeug sprechen, darüber nachdenken, dass andere Kinder Spielzeug selbst bauen müssen; ein Spielzeug entwerfen und den Entwurf kreativ umsetzen, mit dem Spielzeug eine Ausstellung gestalten, über den eigenen Umgang mit Spielzeug reflektieren

S. 3

9

Im Winter forschen

Was beobachtest du?

1 Nummeriere die Schrittfolge für ein Experiment.
Bringe die Fragen in die richtige Reihenfolge.

☐ Was will ich wissen?

☐ Wie führe ich das Experiment durch? ☐ Wie erkläre ich es?

☐ Was habe ich herausbekommen? ☐ Was vermute ich als Ergebnis?

☐ Was brauche ich für mein Experiment? ☐ Was beobachte ich?

2 Führe das Experiment durch.

Eiswürfel schmelzen im Wasser

1. Frage: Läuft das randvoll gefüllte Glas über,
   wenn die Eiswürfel im Wasser schmelzen?

2. Was vermutest du? Kreuze an: ☐ ja ☐ nein

3. Du brauchst:

4. Durchführung:
   Ich gebe Eiswürfel in ein Glas und fülle es

   *rand*_____ mit Wasser.

   Dann stelle ich es auf einen Teller und

   *w*_____ , bis das Eis geschmolzen ist.

5. Meine Beobachtung: Das Wasser ☐ läuft über. ☐ läuft nicht über.

6. und 7. Ergebnis und Auswertung:

   Die Eiswürfel *sch*_____ im Wasser. Beim *S*_____

   entsteht genauso viel Wasser, wie die *E*_____ verdrängt haben.

   Deshalb läuft das Wasser im Glas _____ .

Die Schrittfolge beim Experimentieren wiederholen, einen Versuch zum Schmelzen von Eis in Wasser durchführen,
vorab eine Vermutung aufschreiben und nach der Durchführung die Beobachtung und Auswertung dokumentieren

S. 7

3 Führe das Experiment durch.

Kochsalz auf Eis

1. Frage: Was passiert, wenn ich etwas Kochsalz auf Eisstücke gebe?

2. Vermutung _____

_____

3. Du brauchst:

Eisstücke   Kochsalz   einen Messbecher   einen Teelöffel   ein Thermometer
                         (Milliliter = ml)

4. Durchführung:

- Fülle die Eisstücke in den Messbecher (bis zur Markierung 100 ml).
- Miss die Temperatur im Eis.
  Trage sie in die Tabelle ein.
- Rühre 2 Teelöffel Kochsalz in das Eis.
- Miss die Temperatur erneut. Trage sie in die Tabelle ein.

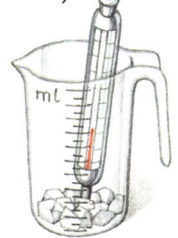

5. Beobachtung:

Material	Eisstücke	Eisstücke und Kochsalz
Temperatur in °C		

4 6. Ergebnis:

Das Eis [_____], obwohl die Temperatur [_____].

7. Auswertung:

Kochsalz auf Eis. Das Salz bildet am Eis eine Schicht aus Salzwasser. Wasser gefriert bei 0 °C zu Eis. Das Salz bildet am Eis eine Schicht aus Salzwasser. Dann löst sich immer mehr Eis auf, denn Salzwasser gefriert erst bei etwa –21 °C. Die gemessene Temperatur im Becher sinkt, weil beim Auftauen des Eises Energie (Wärme) verbraucht wird.

Einen Versuch zur Wirkung von Kochsalz auf Eis durchführen, dabei die Schrittfolge des Experimentierens einhalten, die Beobachtungsergebnisse notieren, die Auswertung nachlesen und mit anderen besprechen

11

Sehen, hören, riechen, schmecken, fühlen

1 Alle Sinne kannst du an deinem Kopf erkennen.
Beschrifte die Abbildung.

Gehörsinn   Geruchssinn   Geschmackssinn   Sehsinn

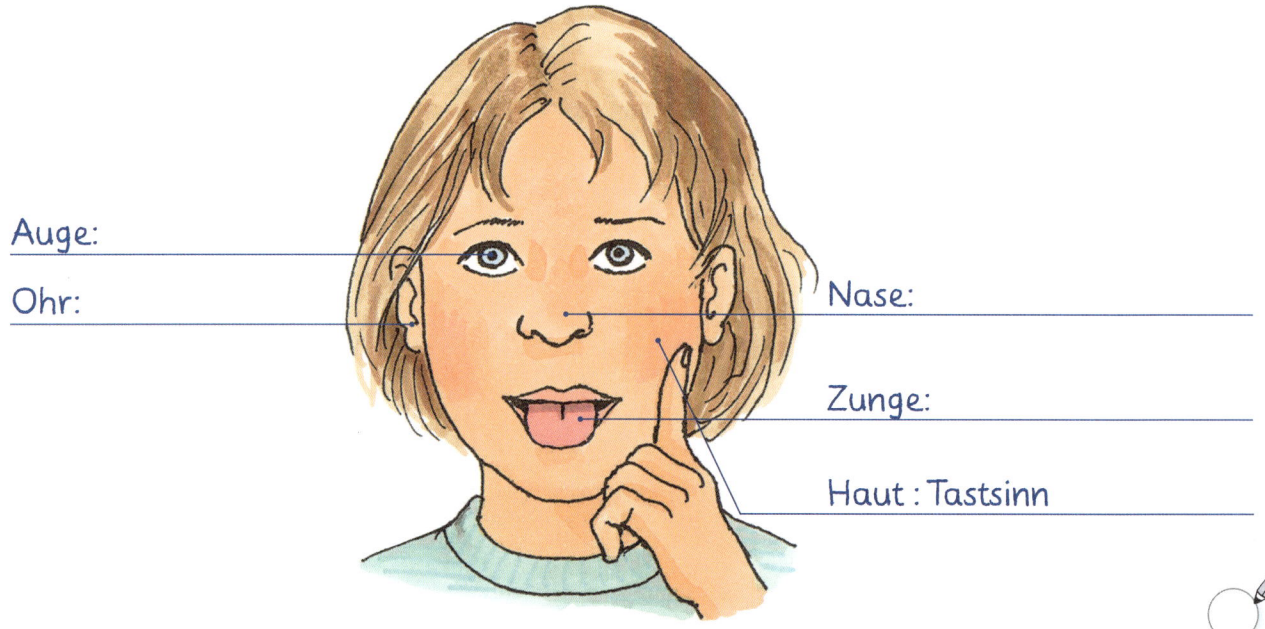

Auge: _____

Ohr: _____

Nase: _____

Zunge: _____

Haut : Tastsinn _____

2 Beobachte dich beim Essen.
Was nehmen deine Sinne wahr?
Schreibe auf.

Sinnesorgan	Damit kann ich
Zunge	
Nase	
Auge	
Haut	
Ohr	

Sinne und Sinnesorgane zuordnen; eine Sachzeichnung beschriften; die Leistungen der Sinnesorgane beim Essen
wahrnehmen, diese Wahrnehmungen notieren und darüber reflektieren, u. a. wie Sinnesorgane zusammenwirken

3 Wie orientieren sich blinde Menschen? Ergänze den Text.

Brailleschrift Blindenführhund Geräuschen Geruchssinn Tastsinn Taststocks

Menschen, die nicht sehen können, orientieren sich durch das Hören

von _____,

mit dem _____ und dem _____.

Personen, mit denen sie viel zu tun haben, erkennen sie oft schon

an ihren Schritten oder an ihrem Körperduft.

Die Form von Dingen ertasten sie mit den Fingern.

Mit Hilfe eines _____

erspüren sie Hindernisse auf ihren Wegen.

Oft unterstützt sie ein _____ dabei,

sich im Alltag zurechtzufinden.

Sie lernen meist die _____ lesen,

bei der sie die nach außen gewölbten Punkte mit den Fingern ertasten.

4 Gestalte ein Lapbook zum Thema „Meine Sinne".
Was soll es zeigen? Sammle Stichworte.

_____

_____

_____

_____

Den Lückentext zur Orientierung von blinden Menschen ergänzen; im Zusammenhang mit dem Buchtext über die verschiedenen Orientierungshilfen sprechen; zur Vorbereitung auf die Gestaltung eines Lapbooks zum Thema „Meine Sinne" Stichpunkte sammeln

S. 8, 9

13

Meine Ohren

1 Nummeriere die Teile des Ohres im Bild.
Nutze das Internet, zum Beispiel die Kindersuchmaschine **www.fragfinn.de**.

1 Ohrmuschel

2 Gehörgang

3 Trommelfell

4 Gehörknöchelchen

5 Hörschnecke

6 Hörnerv

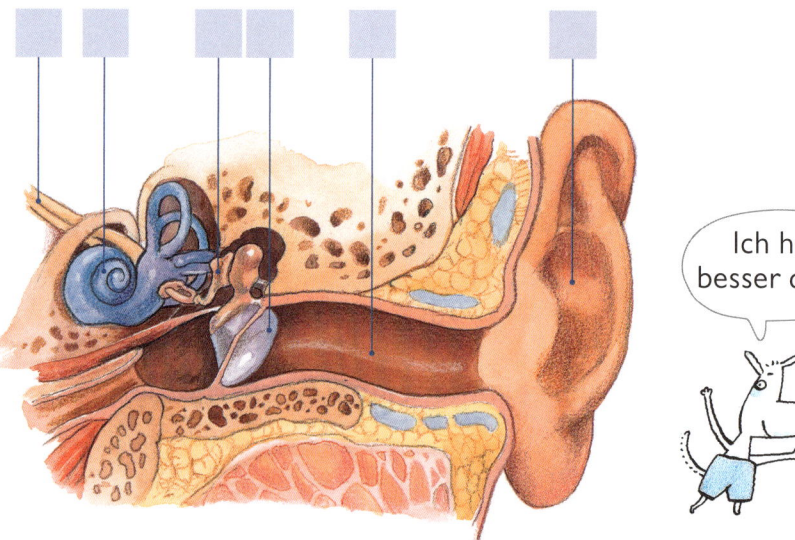

Ich höre besser als du!

2 Kreise die Bilder ein, die Gefahren für dein Ohr zeigen.

Die Sachzeichnung zum Ohr beschriften; den Grundaufbau dieses Sinnesorgans kennenlernen; Bilder zu Gefahren für das Ohr einkreisen und deuten; Folgen gefährlicher Geräusche besprechen, Wissen zur Gesunderhaltung auf eigene Verhaltensweisen übertragen

3 Wie funktioniert das Ohr? Ergänze die Sätze.
Nutze auch das Bild auf Seite 14.

Hörnerv   Gehörknöchelchen   Ohrmuschel

Gehörgang   Ohr   Trommelfell   Hörschnecke

1   Der _Schall_ dringt durch die Luft an mein _____.

Die _____ sammelt den Schall.

2   Durch den _____ wird der Schall weitergeleitet.

3   Der Schall lässt das _____ schwingen.

4   Durch die _____ wird der Schall verstärkt.

5   Der Schall wird in der _____ in Signale umgewandelt.

6   Die Signale werden durch den _____ an
dein Gehirn weitergeleitet. Du hörst.

4 Warum muss ich meine Ohren schützen? Ergänze die Sätze.

Meine Augen kann ich schließen. Die Ohren aber _____.

Lärm oder sehr laute _____ können mein Gehör

schädigen. Das kann zur Taubheit führen.

Deshalb brauchen meine _____ ab und zu eine Ruhepause.

Denn: Wer schwerhörig wird, kann sich _____

_____ .

Den Lückentext ergänzen, Schallempfang und Weiterleitung beschreiben, Text und Bild auf S. 14 in Zusammenhang
bringen und dadurch die Leistungen der Sinnesorganteile kennenlernen; Schädigung des Hörvermögens und
Beeinträchtigung einer Sinnesfunktion (Hören) durch eine Textergänzung festigen

15

Sich im Ortsplan orientieren

1 Übt, die Legende des Plans zu lesen.
Betrachtet dazu die Zeichen. Beschreibt sie und lest die Erklärung.

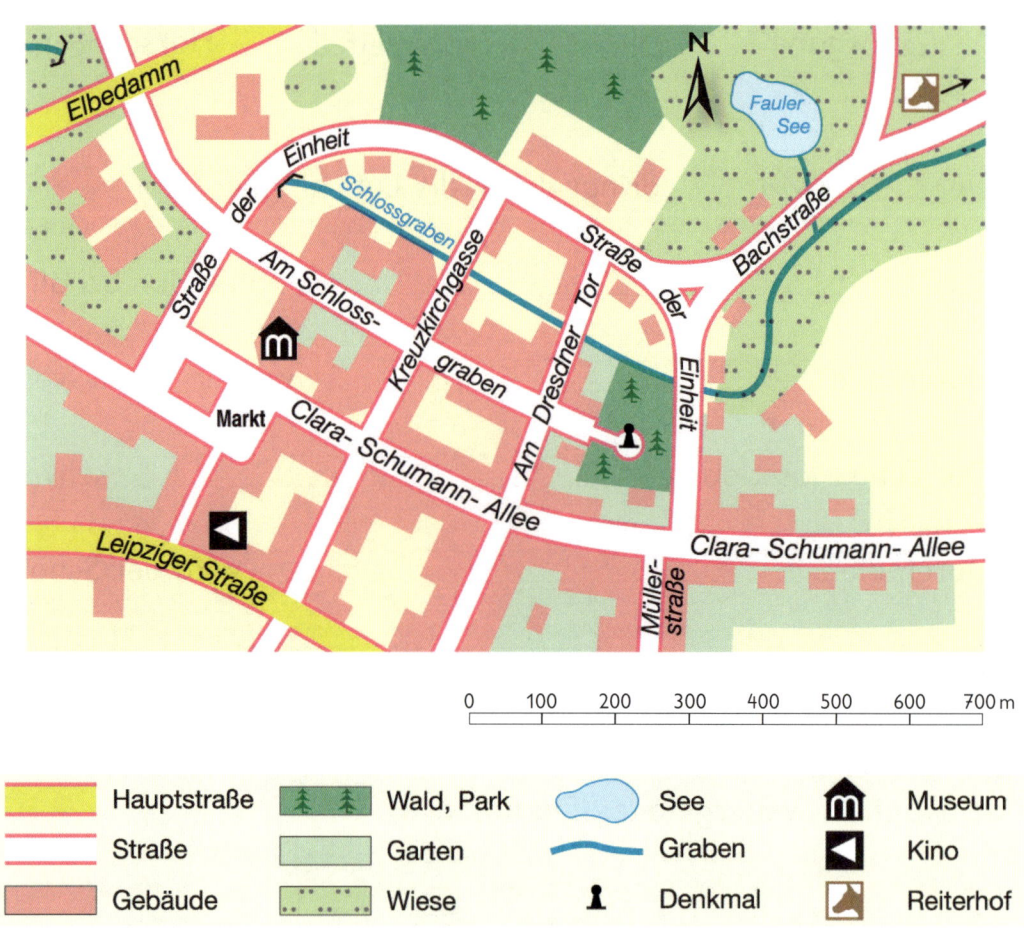

Hauptstraße	Wald, Park	See	Museum
Straße	Garten	Graben	Kino
Gebäude	Wiese	Denkmal	Reiterhof

2 Finde im Plan. Trage ein.

Name einer Hauptstraße: _____

An dieser Straße gibt es viele Gärten: _____

Name der Gewässer: _____

_____

Lage des Museums: _____

Einen Plan lesen und Aussagen dazu treffen (Nordpfeil, Himmelsrichtungen, Sprachentwicklung: nördlich von ...,
grenzt im Süden an ...); sich mithilfe der Legende im Ortsplan orientieren, bestimmte Ortslagen benennen

S. 6

3 Ergänze den Text mit Hilfe der Legendenzeichen.

Ich sehe die [   ] [   ].

Sie heißen: [   ].

An den Straßen stehen viele [   ] [   ] mit roten Dächern.

Dieses grüne Gebiet ist der [🌲🌲] [   ].

Das [♟] [   ] steht am Ende der Straße:

[   ].

In der Nähe des [🔵] [   ] befindet sich

ein [🐴] [   ].

An der Leipziger Straße liegt das [◀] [   ].

4 Miss Entfernungen. Nutze dazu den Ortsplan.

Miss mit Papiermessstreifen
- Kennzeichne auf dem Messstreifen Anfangspunkt und Endpunkt.
- Lege ihn dann an die Maßstabsleiste der Karte an.
- Stelle die jeweilige Entfernung fest.

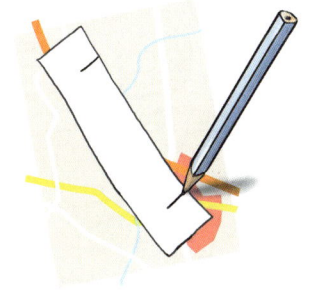

Direkte Entfernung: Schule – Markt	Direkte Entfernung: Schule – Fauler See
_____	_____

Miss mit einem Faden
Tipp 2 im Schülerbuch, Seite 52 hilft dir.

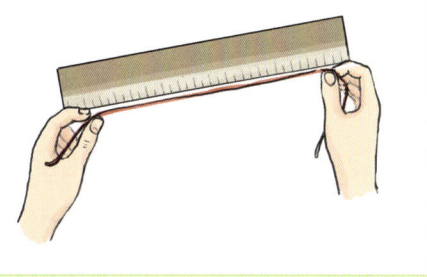

Wegentfernung: Denkmal – Kino	Wegentfernung: Schlossgraben – Markt
_____	_____

Der Karte mit Hilfe der Legendenzeichen Informationen entnehmen und diese dokumentieren;
Entfernungen schätzen und auf der Karte mit unterschiedlichen Methoden messen, diese ebenfalls dokumentieren

S. 6

17

Planquadrate und Himmelsrichtungen

Ein Stadtplan ist oft in Quadrate eingeteilt. Die Quadrate nennt man Planquadrate. Waagerecht → stehen große Buchstaben. Senkrecht ↑ stehen Zahlen.
Du kannst die Lage der Gebäude und Einrichtungen durch die Buchstaben und Zahlen genau beschreiben oder schnell finden. Du kannst auch mehrere Quadrate angeben.

1 Arbeite mit dem Stadtplan von Dresden.

Legende:
- ■ Sehenswürdigkeit
- ■ Sonstiges Gebäude
- ■ Park, Grünanlage
- ■ Grünland
- ■ Freifläche, Platz
- P Parkplatz
- ══ Straße
- T Anlegestelle

1 Semperoper
2 Zwinger
3 Schloss
4 Hofkirche
5 Augustusbrücke
6 Ständehaus
7 Frauenkirche
8 Altmarkt
9 Stadtmuseum
10 Albertinum
11 Kreuzkirche
12 Kulturpalast

0   50   100   150 m

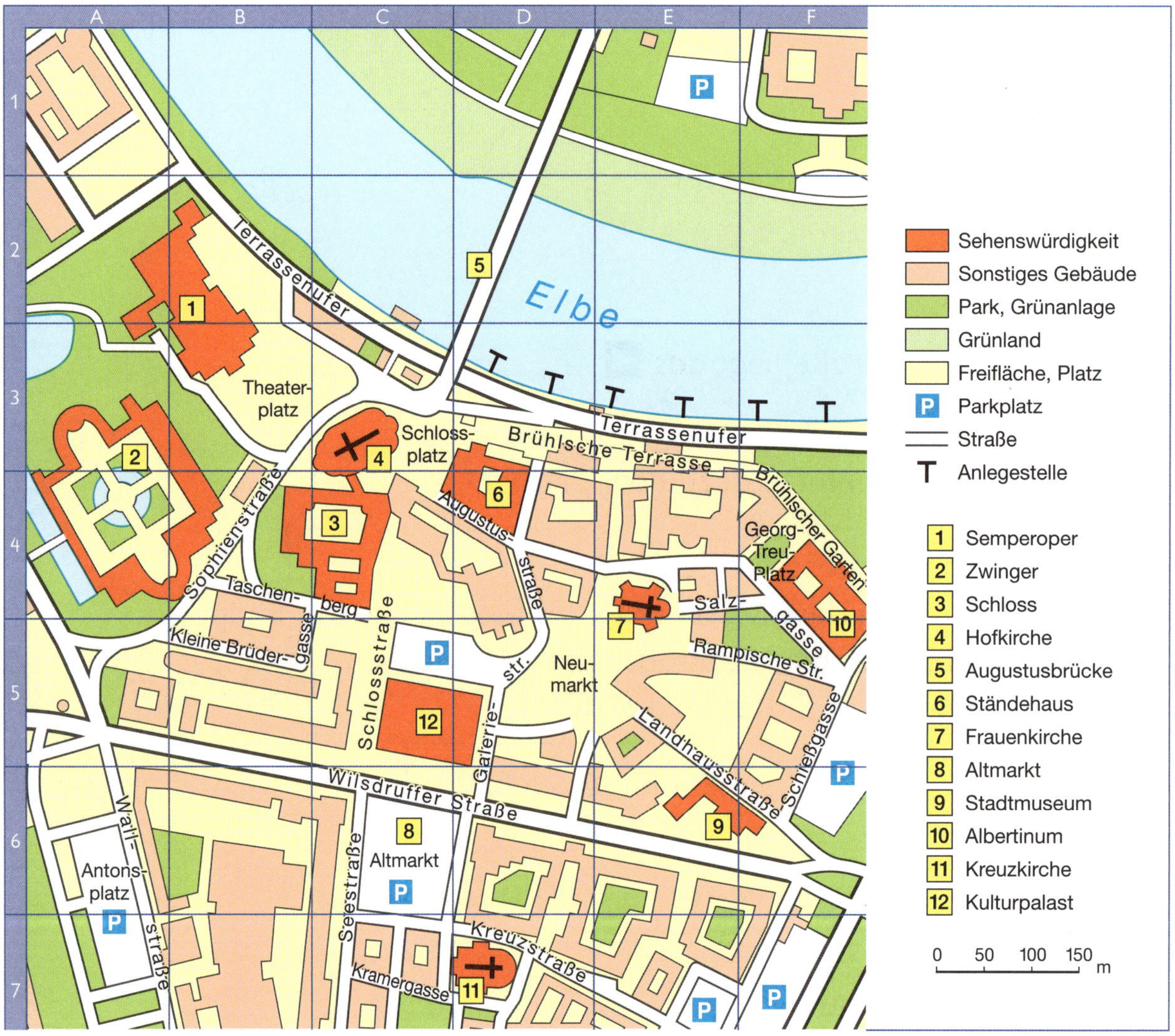

Der Altmarkt liegt im Planquadrat: C6

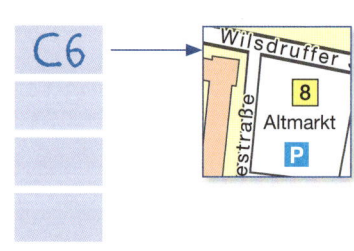

Die Kramergasse liegt im Planquadrat:

Die Kleine-Brüder-Gasse liegt im Planquadrat:

Die Straße Brühlscher Garten liegt im Planquadrat:

Den Text über die Bedeutung von Planquadraten in Karten lesen und verstehen; Ortslagen im Stadtplan von Dresden mithilfe von Planquadraten finden

S. 6

2 Zeichne das Planquadrat D2 ab. Trage den Namen der Brücke ein.

Sie wurde nach dem Bauherrn benannt.

3 Finde die Planquadrate und die Gebäude/Einrichtungen im Stadtplan.

Gebäude/Einrichtung	Planquadrat
Altmarkt	
Kreuzkirche	
Hofkirche	
	C/D 5
Schloss	

Gebäude/Einrichtung	Planquadrat
	C 3
	E/F 6
	F 4/5
Semperoper	
	A/B 3/4

4 Beschrifte die drei Teile vom Kompass.
Male die Spitze der Kompassnadel, die nach Norden zeigt, rot an.
Trage in die gelben Kästen die Himmelsrichtungen ein.
Die Abkürzungen helfen dir.

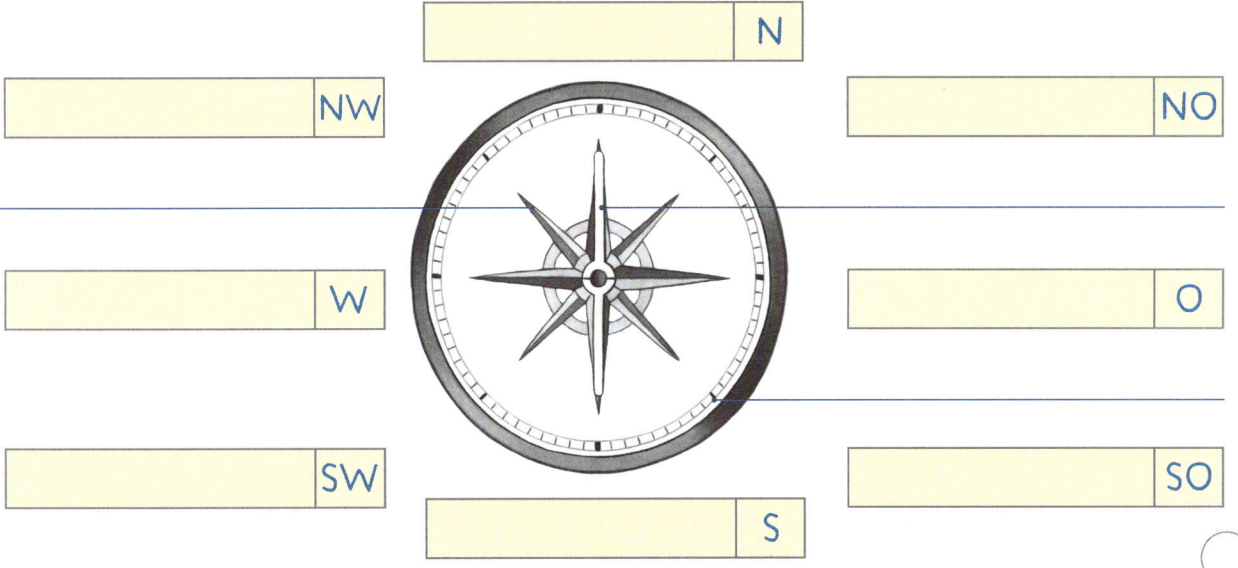

Aus dem Stadtplan von Dresden ein Planquadrat abzeichnen, Lage von Gebäuden und Einrichtungen den
Planquadraten zuordnen; die Teile eines Kompasses beschriften; die Haupt- und Nebenhimmelsrichtungen
eintragen, die ein Kompass anzeigen kann

19

Unser Heimatkreis

1 Male deinen Kreis oder deine kreisfreie Stadt farbig aus.
Schreibe den Namen auf.

Ich wohne _____ .

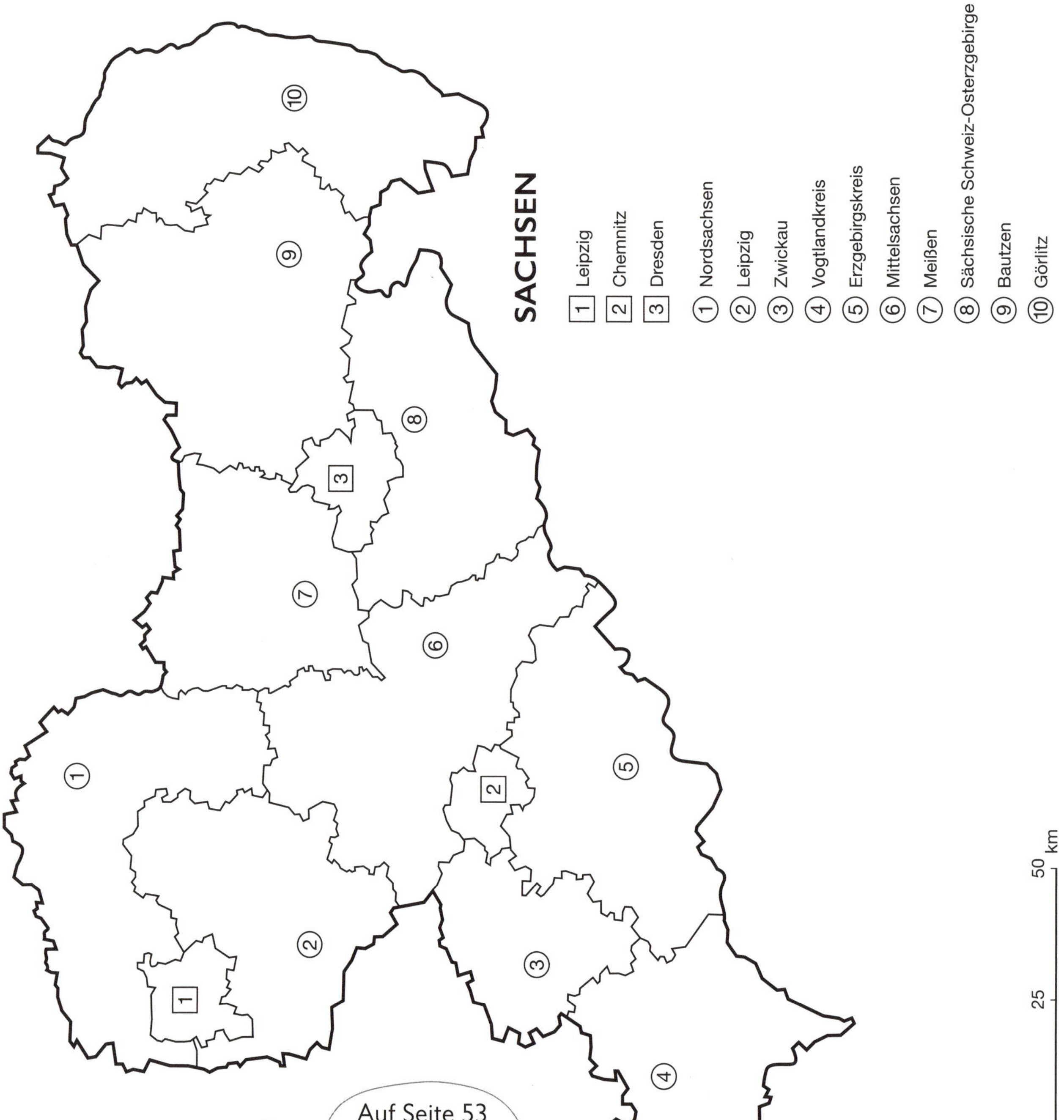

SACHSEN

1 Leipzig
2 Chemnitz
3 Dresden

① Nordsachsen
② Leipzig
③ Zwickau
④ Vogtlandkreis
⑤ Erzgebirgskreis
⑥ Mittelsachsen
⑦ Meißen
⑧ Sächsische Schweiz-Osterzgebirge
⑨ Bautzen
⑩ Görlitz

Auf Seite 53 findest du ein Memory. Gestalte es.

0   25   50 km

In der Landeskarte den eigenen Heimatkreis bzw. die kreisfreie Stadt finden, benennen und farbig ausmalen

2 Miss aus: Welche Ausdehnung hat dein Heimatkreis oder der Kreis, der die kreisfreie Stadt umgibt?

Von Nord nach Süd beträgt die Entfernung _____ Kilometer.

Von West nach Ost beträgt die Entfernung _____ Kilometer.

3 Schreibe, male, klebe Bilder auf.

Interessantes in meinem Heimatkreis

Ein Kreis beschäftigt viele Mitarbeiter in der Kreisverwaltung.
Sie arbeiten in verschiedenen Dienststellen, zum Beispiel im Bürgeramt.
Dort regeln sie für die Einwohner viele Aufgaben.

4 Für welche Aufgaben ist die Kreisverwaltung verantwortlich?
Nenne weitere Beispiele.

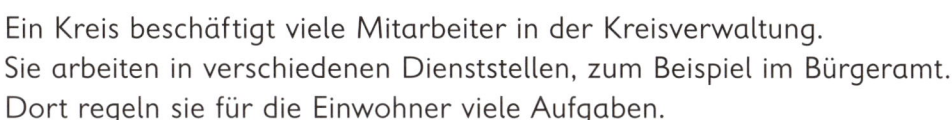

Führerscheine ausstellen, Autos zulassen,

Die Ausdehnung des Heimatkreises ausmessen, dabei die Papierstreifenmethode anwenden; Interessantes, z. B. Sehenswürdigkeiten, des Heimatkreises/der kreisfreien Stadt aufschreiben, malen oder Bilder einkleben; ausgewählte Aufgaben der örtlichen Verwaltung notieren

  S. 3

21

Die Wirtschaft in unserem Heimatkreis

 Findet Beispiele. Tragt den Namen ein. Beschreibt genauer.

Handel, Geschäfte

Lebensmittel:

anderes Fachgeschäft:

Hotels, Gaststätten

Gaststätten:

Hotels:

Dienstleistungsbetrieb

Betriebe:

Dienstleistungen:

Sich über Geschäfte, Hotels, Gaststätten und Dienstleitungsbetriebe des Heimatkreises informieren,
Beispiele dokumentieren und deren Leistungen besprechen

2 Zeichne eine Mindmap zum Thema:
„Geschäfte, in denen meine Familie einkauft".

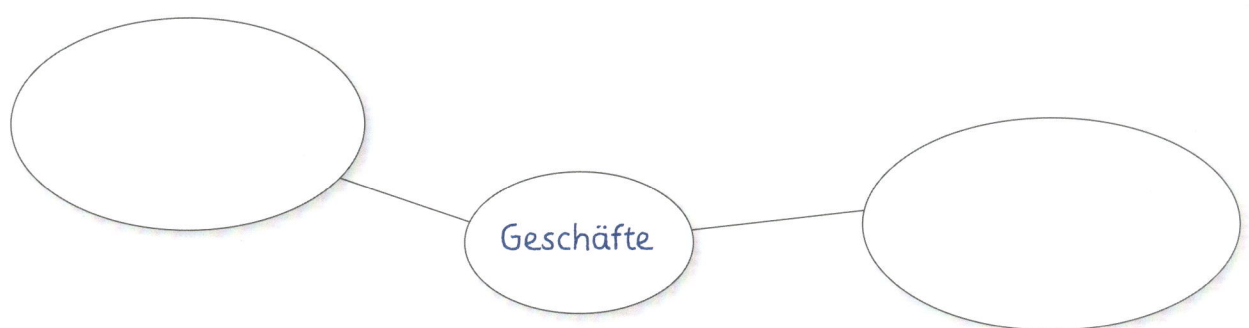

Geschäfte

3 Zu welchem Bereich gehören diese Berufe?
Trage die Zahlen in die Tabelle ein. Es sind fünf Berufe pro Bereich.

1 Automobilkauffrau	6 Buchhändlerin	11 Tankwart
2 Fachverkäuferin Lebensmittel	7 Lokführer	12 Krankenschwester
3 Florist	8 Hotelfachmann	13 Koch
4 Restaurantfachfrau	9 Hotelmanagerin	14 Sekretärin
5 Fachkraft im Gastgewerbe	10 Dolmetscher	15 Erzieher

Handel/Geschäfte	Hotels/Gaststätten	Dienstleistungsbetriebe

4 Wähle einen dieser drei Bereiche (siehe rechts) aus.
Welche Berufe gibt es dort?

Bereich: _____

Landwirtschaft,
Forstwirtschaft,
Fischerei

_____

_____

Industrie

_____

Transport
und Verkehr

_____

Eine Mindmap zum Thema „Geschäfte, in denen meine Familie einkauft" gestalten, sich über Berufe informieren
und diese den einzelnen Gewerben zuordnen, weiteren Wirtschaftsbereichen Berufe zuordnen, damit Wissen für
die spätere Berufswahl anbahnen

S. 10/11

23

Mit dem Fahrrad sicher unterwegs

1 Diese Teile muss ein verkehrssicheres Fahrrad haben.
Finde die Teile am Fahrrad. Trage die Nummern ein.

☐ Hinterradbremse	☐ roter Großflächenrückstrahler
☐ Vorderradbremse	☐ rote Schlussleuchte
☐ roter Rückstrahler	☐ helltönende Klingel
☐ weißer Scheinwerfer	☐ Dynamo
☐ weißer Frontreflektor	☐ 4 Speichenreflektoren
	☐ 2 gelbe Pedalreflektoren

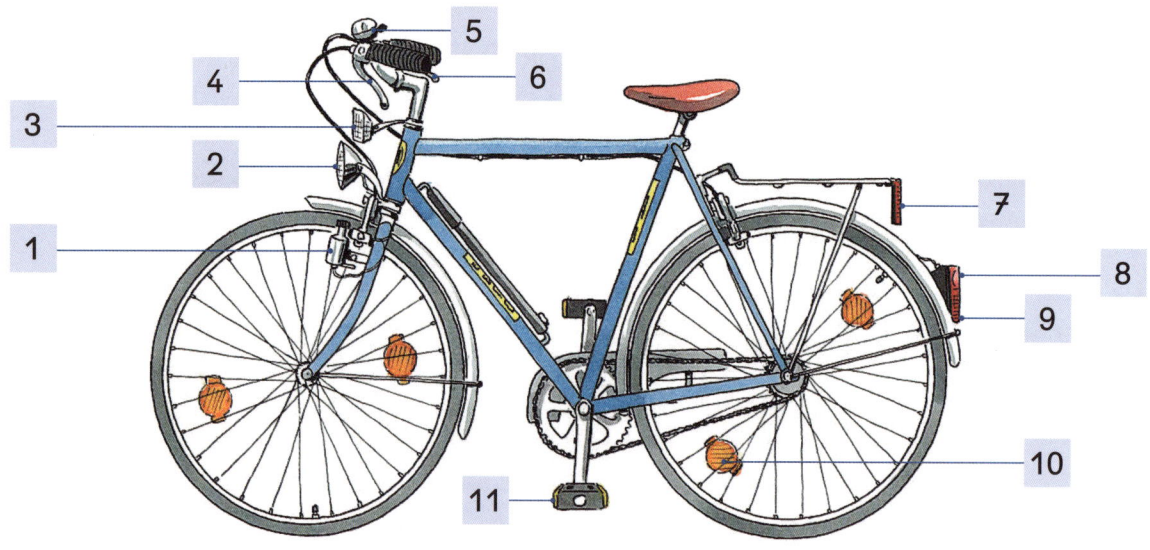

2 Prüfe dein Fahrrad. Welche Teile hat es? Schreibe die Nummern auf.

3 Welche Teile musst du an deinem Fahrrad noch ergänzen?

_____

_____

Einen Fahrradcheck hinsichtlich Verkehrssicherheit vornehmen;
das eigene Fahrrad entsprechend den Vorschriften untersuchen

4 Was macht dein Fahrrad betriebssicher? Kreuze an.

☐ Die Kette ist straff gespannt.

☐ Die Bremsen funktionieren sicher.

☐ Eine Luftpumpe ist vorhanden.

☐ Der Dynamo ist sauber.

☐ Die Bremsen bewegen sich leicht.

☐ Die Scheinwerfer leuchten weiß.

☐ Das Rad hat einen Korb.

☐ Die Radmuttern sind festgezogen.

☐ Die Reifen sind gut aufgepumpt und haben genug Profil.

5 Betrachte das Bild. Lies die Sätze.
Beantworte die Fragen. Nutze auch Aufgabe 1 auf Seite 26.

Leon fährt durch einen . Worauf muss er bei dem Schild  achten?

_____

Ben gerät in einer Nebenstraße an eine . Und was jetzt?

_____

Mutti fährt mit Emily bis zum Schild . Was wird Emilys Mutti nun tun?

_____

Einen Fahrradcheck hinsichtlich der Betriebssicherheit vornehmen, entsprechende Aussagen ankreuzen;
Verkehrszeichen im Bild wiederfinden und dazu Fragen zum richtigen Verhalten im Straßenverkehr beantworten

S. 6

25

Verkehrszeichen kennen und beachten

 Diese Verkehrszeichen solltest du kennen.
Kreuze an, was jedes Schild bedeutet:

	☐ Alle Verkehrsteilnehmer müssen schnell fahren.
	☐ Die Fahrzeugführer dürfen die Fußgänger weder gefährden noch behindern; wenn nötig, müssen sie warten.
	☐ Hier darf ein Radfahrer nicht fahren.
	☐ Hier anhalten und anderen Fahrzeugen die Vorfahrt gewähren.
	☐ Du darfst anhalten und ausruhen.
	☐ An dieser Stelle nur langsam über die Straße gehen.
	☐ Hier wird Sand aufgeladen.
	☐ Hier ist ein Spielplatz.
	☐ Hier ist eine Arbeitsstelle.
	☐ Mütter müssen hier ihre Kinder an die Hand nehmen, um sie vor Radfahrern zu schützen.
	☐ Für Fußgänger und Radfahrer gibt es getrennte Wege.
	☐ Achtung Fußgänger, hier ist ein Radweg.
	☐ An diesem Schild müssen Fußgänger warten, bis alle Autos vorbeigefahren sind.
	☐ Achtung! Dem Verkehr auf der Vorfahrtstraße muss Vorfahrt gewährt werden.
	☐ Hier ist die Einfahrt verboten.
	☐ Hier können Radfahrer fahren und Fußgänger laufen. Sie müssen aufeinander Rücksicht nehmen.
	☐ Radfahrer müssen ihr Fahrrad schieben.
	☐ Der Weg ist für Radfahrer und Fußgänger gesperrt.

Verkehrszeichen wiederholen oder neu kennenlernen, ihre Bedeutung erfassen und passende Aussagen ankreuzen; sich im Gespräch über entsprechende Verhaltensregeln austauschen, diese im Straßenverkehr anwenden bzw. das Verhalten üben

26

2 Kreuze an.

Wie verhalte ich mich hier?

☐ Ich kann auf die Straße fahren,
um den Fußgängern auszuweichen.

☐ Ich muss meine Geschwindigkeit
an die Fußgänger anpassen.

☐ Ich warte, bis die Fußgänger
Platz machen.

3 Ergänze die Wörter: Gefahr   Rand   rotem   verboten

Dreieckige Schilder mit _____ Rand und der Spitze nach oben

bedeuten: Hier muss ich aufpassen, hier droht _____ .

Runde Schilder mit rotem _____ bedeuten:

Hier ist etwas _____ .

4 Schreibe zu jedem Bild auf: Was musst du beachten? Wie verhältst du dich?

Ich muss _____

_____

_____

Ich muss _____

_____

_____

Die Bilder und Texte betrachten, lesen und auswerten; das eigene Wissen über Verkehrsregeln prüfen:
Verhalten als Radfahrer auf einem gemeinsamen Fuß- und Radweg, am Ende eines verkehrsberuhigten
Bereiches, an einer Arbeitsstelle

27

Spuren der Vergangenheit

 Betrachte die Bilder, lies die Texte.
Gestalte einen Zeitstrahl.

Leipzig
Völkerschlachtdenkmal
eingeweiht im Jahr 1913

Chemnitz
Stadthalle
gebaut um das Jahr 1970

Dresden
Zwinger
gebaut ab dem Jahr 1709

Delitzsch
Barockschloss
umgebaut zum Barock-
schloss im Jahr 1689

Zwickau
Trabant-Werk
Trabant-Herstellung
in den Jahren 1958 bis 1991

bei Mylau
Göltzschtalbrücke
gebaut ab dem Jahr 1846

Annaberg-Buchholz
Museum
„Manufaktur der Träume"
Volkskunst um das Jahr 1900

Freiberg
Dom mit
Silbermann-Orgel
erklingt erstmals im Jahr 1714

Meißen
Porzellanmanufaktur
Fabrik
seit dem Jahr 1710

Hohnstein
Max Jacob Theater
eröffnet im Jahr 1939

Kleinwelka
Saurierpark
gegründet 1981

Einsiedel
Kulturinsel
eröffnet 1992

S. 16

2 Betrachte die Bilder auf Seite 28. Finde das Beispiel für deinen Landkreis oder deine kreisfreie Stadt. Schreibe auf:

Das Bild zeigt: _____

Was ich dazu weiß: _____

_____

3 Beschreibe eine „Spur der Vergangenheit" aus deinem Ort.

_____

_____

_____

_____

4 Trage die Nummern der Bilder aus Aufgabe 1, Seite 28 in die Karte ein.

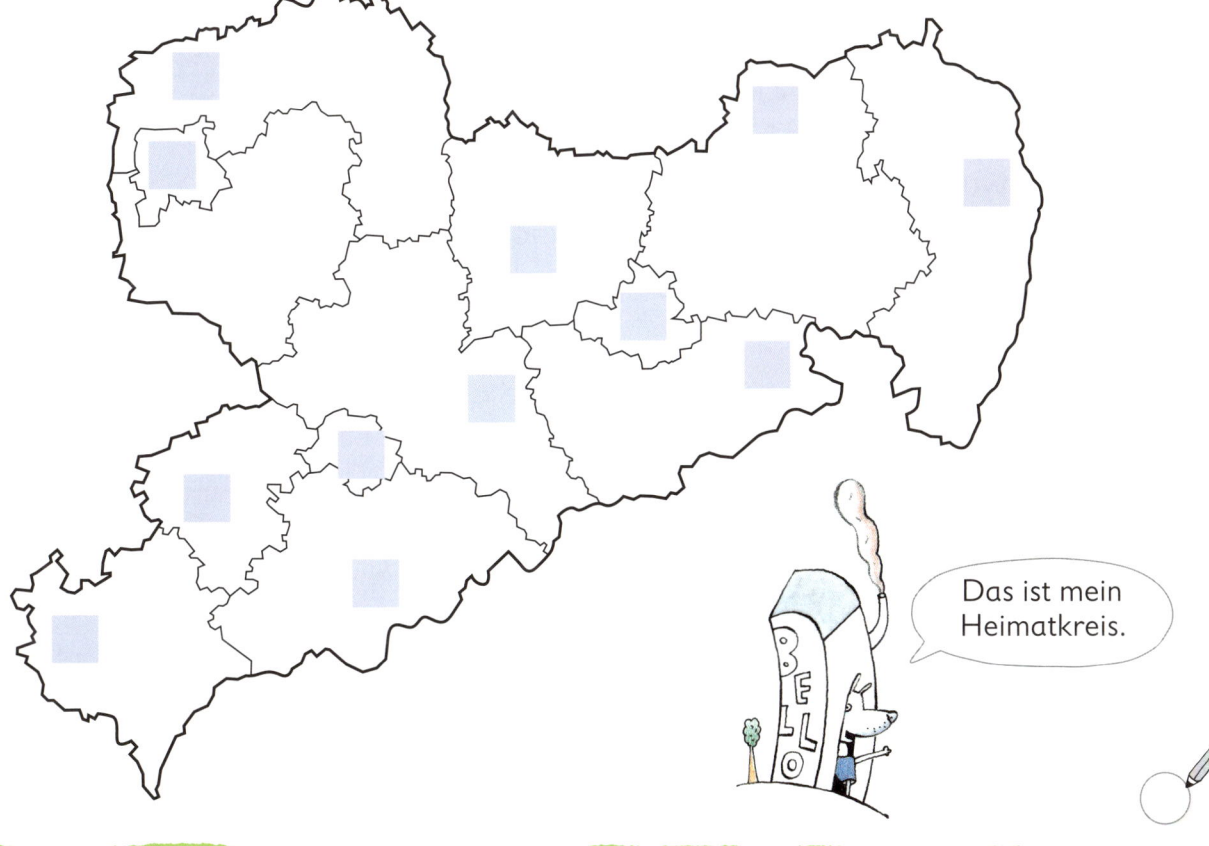

Das ist mein Heimatkreis.

Unter den Bildern auf S. 28 ein historisches Bauwerk oder eine Stätte aus dem eigenen Heimatkreis oder der kreisfreien Stadt finden; das Bild benennen und Informationen dazu aufschreiben; mithilfe der Landeskarte die Bilder auf S. 28 den Kreisen zuordnen; eine Spur der Vergangenheit im eigenen Ort beschreiben

S. 3

29

Das Leben auf dem Lande früher und heute

 1 Lies die Texte über das Leben auf dem Land vor 125 Jahren.
Schneide die Bilder von Seite 55 aus. Klebe sie auf. Achte auf die Signalwörter.

Auf einem Bauernhof lebten und arbeiteten
der Bauer und die Bäuerin, deren Eltern sowie
Knechte und Mägde. Ohne Maschinen waren
die Erntearbeiten sehr schwer.
Viele Kinder hüteten Vieh, halfen bei der Hausarbeit
und der **Ernte**. In der Erntezeit gingen sie oft nicht
zur Schule.

Seite 55

Auf den kleinen Bauernhöfen lebten
die Menschen gemeinsam mit ihren Tieren
unter einem Dach. Oft trennte nur eine Wand
den Wohnraum vom **Stall**. Vor allem Rinder
waren wichtig: Sie lieferten Milch, Fleisch und
Dünger und dienten auch als Zugtiere.

Seite 55

Die Bauern hielten **Milchkühe**, Schweine, Pferde,
oft auch Schafe und Ziegen, Hühner und Gänse.
So hatten sie Milch, Fleisch, Felle, Wolle und Eier.
Vieles wurde weiterverarbeitet, meist in Handarbeit.
So wurde aus Milch Butter, Quark und Käse
hergestellt.

Seite 55

Auf den Feldern baute man Feldfrüchte an:
Roggen, Weizen, Gerste, Kartoffeln, Gemüse
und Futtermittel: Klee, Hafer, Feldgras, Rüben.
Bei der Feldarbeit wurden **Pferde** oder Kühe
vor die Sähmaschine oder vor schwere
Erntewagen gespannt. Vor 90 Jahren lösten
erste Traktoren sie ab.

Seite 55

Dem Sachtext zum Leben auf dem Lande vor 125 Jahren Informationen entnehmen
und entsprechende Bilder inhaltlich richtig zuordnen; die Bilder aufkleben und beschreiben

2 Fasse das Wichtigste aus den Texten von Seite 30 zusammen.

Vor [____] Jahren war das Leben auf dem Land sehr _sch_____.

Da es kaum landwirtschaftliche _M_____ gab, wurde im Stall

und auf den Feldern fast alles in _H_____ ausgeführt.

Viele Kinder halfen bei der _E_____.

Vor 90 Jahren lösten erste _T_____ die Zugtiere ab.

3 Welche Aussagen treffen zu? Kreuze an.

Über die Landwirtschaft	vor 100 Jahren	heute
Milchkühe leben in modernen Ställen oder haben Auslauf auf Weiden. Sie werden mit Melkmaschinen gemolken.	☐	☐
Bei schweren Arbeiten werden Traktoren, Sämaschinen oder Kartoffelroder eingesetzt.	☐	☐
Pferde ziehen die schweren Erntewagen über das Feld.	☐	☐
Mähdrescher werden mit Computer gesteuert.	☐	☐
Kinder helfen bei der Ernte mit.	☐	☐
Die Bauersfrauen machen in Butterfässern aus Milch Butter.	☐	☐
Biobauern halten ihre Tiere in gut durchlüfteten, hellen Ställen. Sie füttern gesundes Futter und halten die Tiere artgerecht.	☐	☐
In vielen Betrieben werden Schweine in Schweinemastanlagen gehalten.	☐	☐
Die Landwirte leben mit ihrem Vieh unter einem Dach. Wohnraum und Stall sind nur durch eine Wand getrennt.	☐	☐

4 Gestaltet ein Lernposter zum Thema „Das Leben auf dem Land heute".

„Poster" ist das englische Wort für Plakat.

Den Sachtext auf S. 30 in verkürzter Zusammenfassung durch Einsetzen von Begriffen wiedergeben, Aussagen zur Landwirtschaft früher (vor 125 Jahren) und heute herausfinden und durch Ankreuzen entsprechend zuordnen, anschließend vergleichen

S. 2, 3, 14, 15

31

Der Lebensraum Wiese

 Lies den Text. Klebe die Bilder von Seite 55 ein.

Im Frühling wird es langsam wärmer. Die Pflanzen nehmen Nahrung aus dem Boden auf. Sie beginnen zu wachsen. Tiere, die im Winter kaum Futter fanden, haben jetzt großen Hunger. Sie suchen nach Nahrung.

Der **Maulwurf** hat seine Wintervorräte an Regenwürmern aufgefressen. Nun ist er auf Jagd nach frischer Beute.

Seite 55

Seite 55

Seite 55

Eine **Kreuzspinne** hat den kalten Winter in Winterstarre überlebt. Kleine Jungspinnen schlüpfen aus ihrem Kokon. Sie bleiben in ihrem Gemeinschaftsnetz und suchen ab Juni ihre Nahrung, zum Beispiel **Fliegen**.

Seite 55

Die **Feldmaus** kommt aus ihrem Erdbau heraus. Sie ist unterwegs und frisst Samen, Stängel, Blätter und Wurzeln.

Die Larven des Grashüpfers häuten sich zum Ende des Frühlings. Die **Grashüpfer** sind von Juni bis November zu beobachten.

Seite 55

Seite 55

Die **Hummel** sucht Nektar in den Blüten.

Seite 55

Der **Goldlaufkäfer** hat unter Steinen und Moos überwintert. Er frisst eine **Nacktschnecke**.

Seite 55

2 Erzähle über die Wiese im Frühling. Was siehst du? Was hörst du? Du kannst auch ein Bild zeichnen.

Einblick in den Lebensraum Wiese gewinnen, eine Wiese im Frühling mehrsinnig erleben und dazu ein Bild malen; Kleintiere beobachten und durch den Text erfahren, wovon sie sich ernähren; Tiere auf den Bildern wiedererkennen; Artenkenntnisse festigen

 S. 14, 15

3 Ergänze den Merksatz.

Boden Nahrungskette Nährstoffe Pflanzen Tieren

Pflanzen nehmen Nährstoffe aus dem _____, aus der Luft

und dem Wasser auf. Sie brauchen Sonnenlicht und stellen aus Wasser

und Luft eigene _____ her.

Diese Nährstoffe brauchen die Pflanzen zum Wachsen und Leben.

Einige Tiere ernähren sich von _____ .

Manche Tiere werden auch von anderen _____ gefressen.

Die Nährstoffe werden also wie in einer Kette weitergereicht.

Man sagt: Pflanzen und Tiere bilden eine _____ .

4 Beschreibe die Nahrungskette.

_____

_____

_____

5 Vervollständige diese Nahrungskette.
Male und schreibe dazu.

_____

_____

Einen Text zum Zusammenleben von Pflanzen und Tieren auf der Wiese als Lebensraum ergänzen;
eine Nahrungskette mithilfe von Bildern beschreiben; am Beispiel des Fuchses eine Nahrungskette
malen und beschreiben

33

Tiere und Pflanzen der Wiese

1 Schreibe die Nummern und Buchstaben
an die Bilder der Tiere und Pflanzen.

Obergeschoss

Mittelgeschoss

Erdgeschoss

Keller

Ich nutze Bestimmungsbücher.

Tiere

1	Maulwurf	6	Hummel
2	Feldmaus	7	Kreuzspinne
3	Grashüpfer	8	Regenwurm
4	Igel	9	Schwalbenschwanz
5	Goldlaufkäfer	10	Tagpfauenauge mit Raupe

Pflanzen

A Brennnessel

B Wiesen-Storchschnabel

C Schafgarbe

D Wiesen-Salbei

E Segge

Artenkenntnisse zu Pflanzen und Tieren auf der Wiese festigen, Pflanzen nach ihrer Höhe den Stockwerken
zuordnen, die überwiegenden Aufenthaltsorte von Tieren in den Stockwerken der Wiese beschreiben

2 Betrachte das Schaubild auf Seite 34.
In welchen Stockwerken halten sich die Tiere auf? Trage in die Tabelle ein.

Tier	Stockwerk
Tagpfauenauge	
Maulwurf	
Hummel	

3 Was fressen die Tiere? Verbinde.

●   ● Käfer, Asseln, Schnecken, Würmer, Fallobst, Samen

●   ● Blütenpollen, Nektar

●   ● Gras, Kräuter, Samen und Getreidekörner

4 Forsche nach, was Kreuzspinnen fressen.
Zeichne oder schreibe die Nahrung auf.

Die überwiegenden Aufenthaltsorte von kleinen Tieren in den Stockwerken der Wiese in eine Tabelle einordnen;
Bilder betrachten und Artenkenntnisse von kleinen Tieren festigen, ihnen eine bestimmte Nahrung zuordnen;
das Internet nutzen, um Aussagen zur Nahrung der Kreuzspinne zu treffen

S. 2, 3

35

Zwei Bewohner der Wiese

1 Schreibe einen Steckbrief zum Regenwurm.

Name: _____

Größe: _____

Aussehen: _____

_____

Lebensraum: _____

_____

Lebensweise: _____

_____

_____

Feinde: _____

Besonderes: _____

_____

_____

2 Notiere: Warum sind Regenwürmer für den Menschen nützlich?

Regenwürmer sind nützlich, weil sie den _____

lockern, so dass Regen _____ besser versickern kann.

Ihr Kot ist ein guter _____ für die Pflanzen.

Magst du Regenwürmer?

Kenntnisse über die Gestaltung eines Steckbriefes anwenden; zum Regenwurm als Bewohner der Wiese recherchieren und die Ergebnisse im Steckbrief dokumentieren; die Steckbriefe in der Gruppe oder in der Klasse präsentieren; über den Nutzen der Regenwürmer für den Menschen nachforschen

S. 2, 3

3 Beschrifte die Teile der Kuhschelle. Male die Pflanze farbig aus.

Blüte   Stängel   Laubblatt   Wurzel

_____

_____ Hochblatt

_____

_____

_____

Die Kuhschelle ist ein Frühblüher.
Die Pflanze ist selten und steht unter Naturschutz.

4 Betrachte das Foto. Ergänze den Text.

| leicht behaart | einzeln | sechs | unter der Blüte | Blau-Violett |

An diesen Merkmalen erkenne ich die Pflanze:

Blüte: _____ am Blütenstiel

Blütenfarbe: _____

Blütenform: glockenförmig mit _____ Blütenblättern

Stängel: _____

Hochblätter: _____

Sich über die Kuhschelle als geschützte Wiesenpflanze informieren, den Aufbau kennenlernen, die Sachzeichnung
beschriften; die Merkmale der Pflanze in einem kurzen Steckbrief benennen, dafür die Vorgaben passend
in den Lückentext einsetzen

37

Wasser in der Natur

 Wasser verwandelt sich. Finde Erklärungen.

Wie entstehen an einem Fenster Eisblumen?
- Der Raum hat nur dünne Fensterscheiben.
- Die Außentemperatur liegt unter 0 °C.
- Die warme Raumluft enthält Wasserdampf.
- Sie strömt zur kalten Fensterscheibe.

Die Raumtemperatur kühlt sich ab und _____.

Langsam wachsen _____.

Warum verschwindet die Pfütze?

_____

_____

_____

_____

Wie entsteht Blitzeis?

_____

_____

_____

_____

2 Trage die Fachbegriffe ein. Nutze das Schülerbuch.

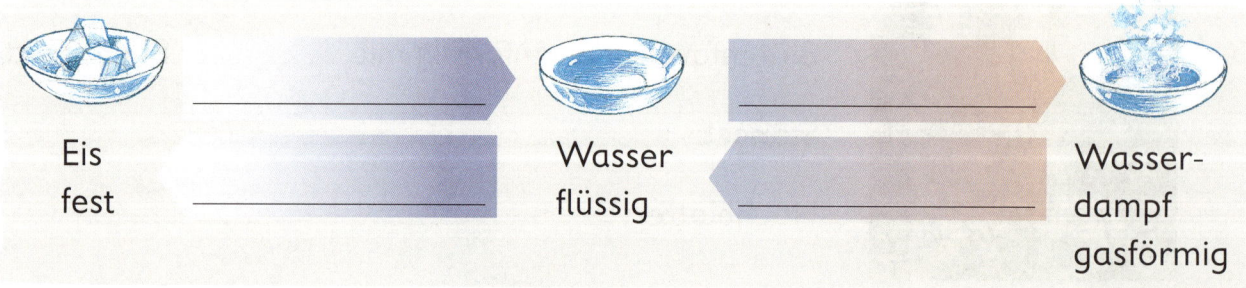

Eis
fest

Wasser
flüssig

Wasser-
dampf
gasförmig

Phänomene der Natur am Beispiel des Wassers erkennen und beschreiben, dabei ausgewählte Vorgänge in der Natur erfassen, erklären und begründen; die Zustandsformen des Wassers wiederholen, Fachbegriffe einprägen

 S. 2

3 Vermute: Warum geht die Frau nicht unter?
Kreuze an.

☐ Das Tote Meer ist ein Salzwassersee.

☐ Das Tote Meer ist ein Süßwassersee.

☐ Das Wasser enthält viel Salz.

☐ Das Wasser enthält wenig Salz.

4 Führe das Experiment durch.

Schwimmendes Ei

Frage: Kann ein Ei im Wasser schwimmen?

Vermutung: _____

Du brauchst:

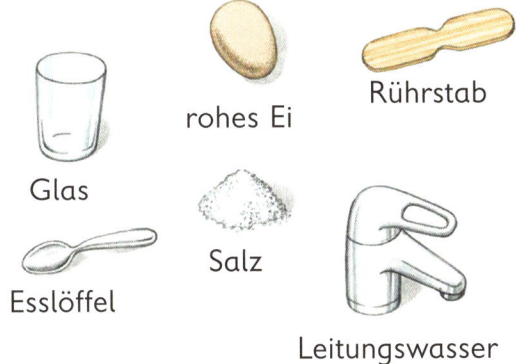

Glas
rohes Ei
Rührstab
Esslöffel
Salz
Leitungswasser

Durchführung:

1 Ich fülle das Glas mit Leitungswasser und lege das Ei
mit dem Esslöffel ins Wasser.

2 Ich gebe einen Esslöffel Salz in
das Wasser, rühre um und beobachte.

3 Ich gebe noch mehr Salz
ins Wasser und rühre vorsichtig um.

Beobachtung:

1 _____

2 _____

3 _____

Erklärung: *Salzwasser ist schwerer als*
Leitungswasser, deshalb ...

_____

Ein Naturphänomen durch einen Versuch beweisen (Salzwasser trägt); den Versuch durchführen,
die Beobachtungsergebnisse notieren, zum Ergebnis Recherchen vornehmen

39

Der Kreislauf des Wassers

1 Beschreibe den Kreislauf des Wassers.

Sonne

1

Quelle

Grundwasser

Land

Boden

Meer

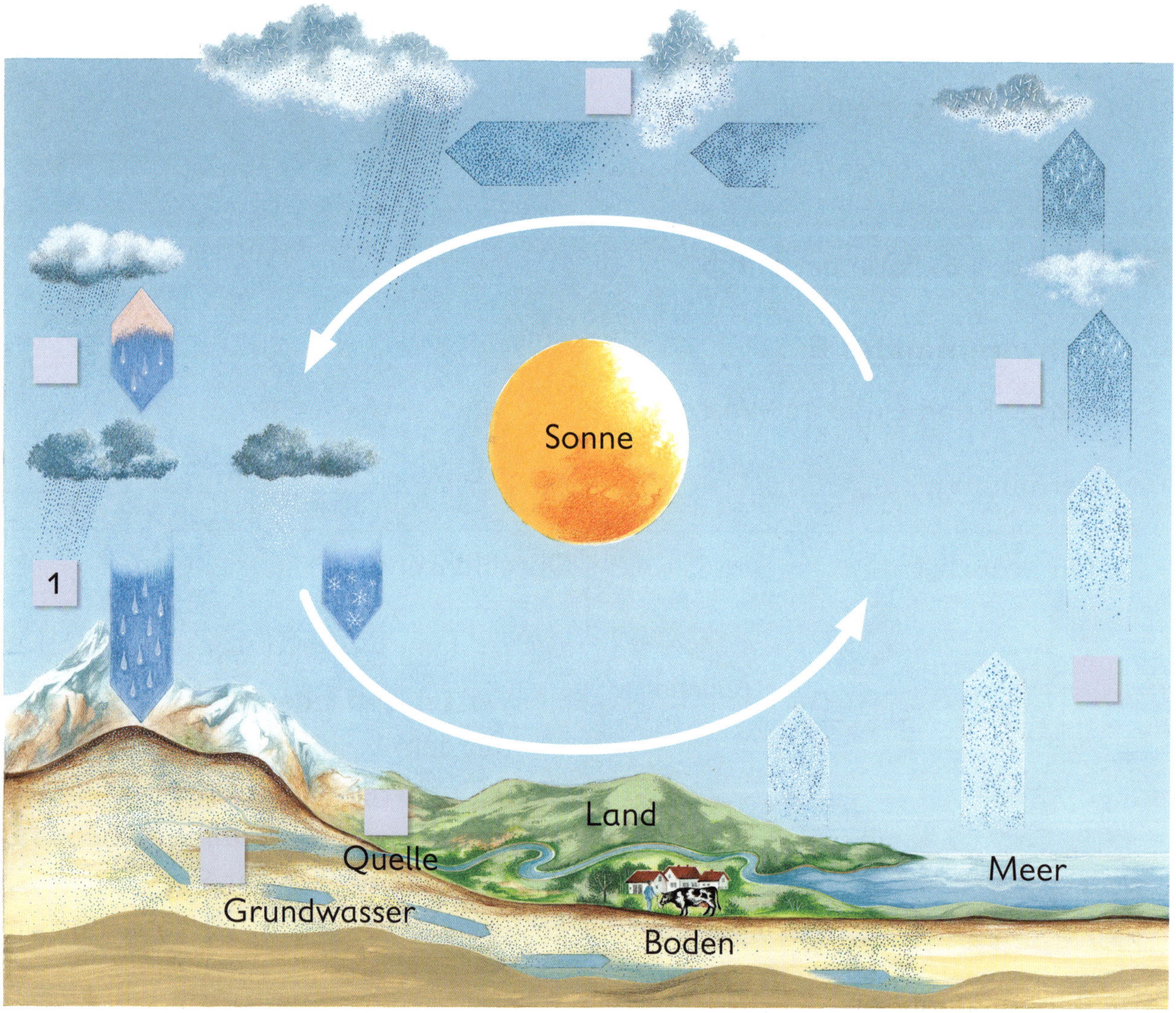

2 Wie kommt das Wasser im Wasserkreislauf vor? Notiere Beispiele:

_____

_____

_____

_____

_____

Den Kreislauf des Wassers mithilfe des Schaubildes beschreiben, Beispiele für die Zustandsformen des Wassers
im Kreislauf nennen, kausale Zusammenhänge erkennen und verständlich darlegen (Wenn ..., dann ...);
einige Zustandsformen an Beispielen aufschreiben

3 Schreibe in das Schaubild auf Seite 40 die Nummern.

1 Niederschlag fällt aus den Wolken.
Es regnet. Ist die Luft sehr kalt, fällt Schnee.

2 Teile des Niederschlags versickern im Boden.
Es sammelt sich Grundwasser an.

3 Dort, wo das Wasser einen Weg nach außen findet, entsteht
eine Quelle. Wasser sammelt sich in Flüssen, Bächen und Meeren.

4 Die Sonnenwärme erwärmt Wasser und Land. Flüssiges Wasser
verwandelt sich in den gasförmigen Zustand. Es bildet sich Wasserdampf.

5 Der unsichtbare Wasserdampf steigt mit der erwärmten Luft nach oben.

6 In der Höhe kühlt die Luft wieder ab. Hier verwandelt sich
der Wasserdampf wieder zu winzigen Wassertropfen und bildet Wolken.
Bei großer Kälte entstehen sogar Eisteilchen.
Der Wind treibt die Wolken über den Himmel.

7 In den Wolken fliegen die Wassertröpfchen oder Eisteile hin und her.
Sie stoßen aneinander, verbinden sich und werden immer schwerer.

4 Führe das Experiment durch.

Kreislauf des Wassers

Du brauchst:
- ein großes Glas
  mit Schraubdeckel
- zwei kleine Pflanzen
- eine kleine Schale
  mit Wasser
- kleine Steine
- Sand und Erde

Durchführung:
- Fülle nacheinander ein:
  Steine, Sand und Gartenerde
- Pflanze die kleinen Pflanzen ein
- Gieße die Erde etwas an.
- Stelle die Schale mit Wasser ins Glas.
- Schraube es zu.
- Beobachte alles längere Zeit.

Meine Beobachtungen: _____

_____

_____

Den Text über den Kreislauf des Wassers lesen, die Nummern in das Schaubild S. 40 einfügen; damit das Geschehen
im Wasserkreislauf festigen; in einem Experiment nachweisen, dass in einem geschlossenem Gefäß auch ein Kreislauf
des Wassers stattfindet

 S. 7

41

Alles hängt zusammen – ein Würfelspiel

1 Alles gewusst?

3–4 Spieler, 1 Spielleiter: Gehe für jede richtige Antwort zwei Felder vor.
Gehe für jede falsche Antwort zurück zur letzten Zahl.

1 In welcher Jahreszeit
werden Wiesen gemäht?
2 Womit werden
Rinder gefüttert?
Nenne ein Beispiel.

3 Wie werden Rinder
von Menschen gepflegt?
Nenne ein Beispiel.
4 Was hat die Wiese
mit dem Käse zu tun?
Nenne ein Beispiel.

5 Nenne zwei Milchprodukte.
6 Was braucht die Kartoffelpflanze zum Wachsen?
Nenne ein Beispiel.
7 Welcher Teil der Kartoffelpflanze ist essbar?

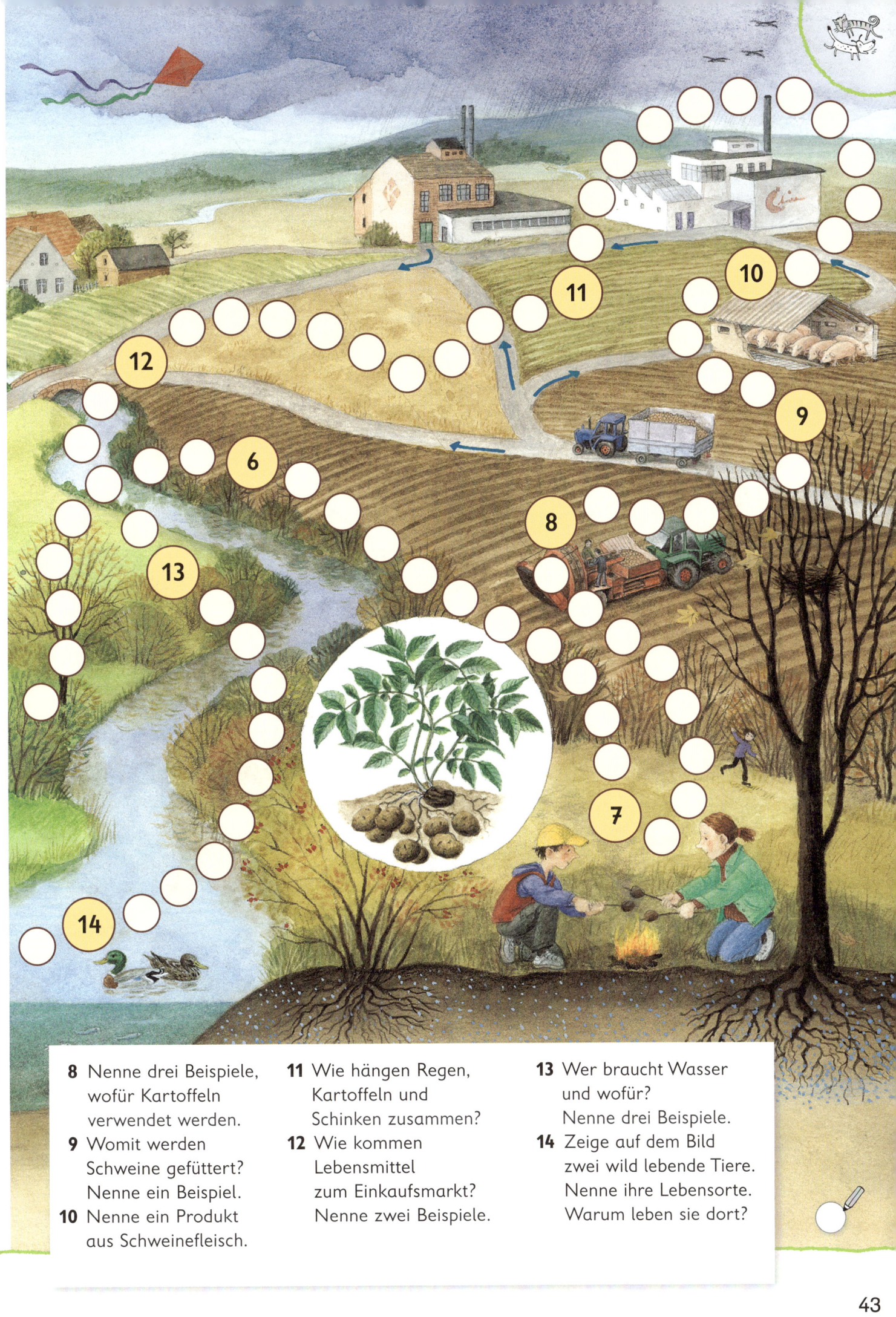

8 Nenne drei Beispiele, wofür Kartoffeln verwendet werden.

9 Womit werden Schweine gefüttert? Nenne ein Beispiel.

10 Nenne ein Produkt aus Schweinefleisch.

11 Wie hängen Regen, Kartoffeln und Schinken zusammen?

12 Wie kommen Lebensmittel zum Einkaufsmarkt? Nenne zwei Beispiele.

13 Wer braucht Wasser und wofür? Nenne drei Beispiele.

14 Zeige auf dem Bild zwei wild lebende Tiere. Nenne ihre Lebensorte. Warum leben sie dort?

Rund um das Mischbrot

 1 Im Mischbrot werden Weizenmehl und Roggenmehl verarbeitet.
Beschrifte beide Getreidepflanzen.

Weizen   **Roggen**

2 Beschreibe in Stichpunkten: Der Weg des Getreides vom Feld zur Bäckerei.

_____

_____

_____

_____

_____

Sachzeichnungen der Getreidepflanzen beschriften; den Weg des Getreides vom Feld bis
in eine Bäckerei in Stichpunkten notieren, dazu die Fotos als Merkhilfe benutzen

S. 14, 15

3 Beschreibe die Arbeitsgänge zum Brotbacken in einer Bäckerei.
Nutze die Fotos und die Wörter.

Zutaten mischen   Teig backen   Teig formen

Mehl sieben   Teig kneten   Teig wiegen   Teig ruht

_____

_____

_____

_____

_____

_____

_____

_____

> Ich fresse lieber Fleisch.

4 Schreibe ein Rezept für ein Mischbrot auf.

Zutaten: _____

_____

Zubereitung: _____

_____

_____

_____

Die Arbeitsgänge bei der Herstellung von Brot beschreiben, dazu Stichwörter und Fotos
als Merkhilfen nutzen; ein Rezept aufschreiben

S. 2, 14, 15

45

Nahrungsmittel sind kostbar

1 Betrachtet die Bilder. Ordnet den Bildern die Texte zu.
Tauscht euch zum Thema „Nahrungsmittel sind kostbar" aus.

Zu viele Lebensmittel landen im Müll, obwohl sie nicht verdorben sind.

In vielen Ländern der Erde haben die Menschen nicht genug zu essen.

Mit einem guten Frühstück starten wir gestärkt in den Tag!

Heute gibt es bei uns sehr viele Nahrungsmittel. Jeder kann so viel essen, wie er will.

Brot gibt es überall auf der Welt in vielen verschiedenen Formen. Es ist ein Grundnahrungsmittel.

Für die Herstellung von Brot müssen viele Menschen arbeiten. Es ist schade, wenn diese Arbeit umsonst war.

2 Kreuze an, was du richtig findet. Sprich mit anderen darüber.

Es ist nicht schlimm, wenn mal etwas Brot verdirbt. Dann kaufen wir neues.

Wenn das Haltbarkeitsdatum eines Nahrungsmittels abgelaufen ist, muss es weggeworfen werden.

Ich lasse keine Lebensmittel verderben. Sie kosten Geld.

Sich zum Umgang mit Nahrungsmitteln positionieren, Nahrungsmittel wertschätzen lernen,
Aussagen zum Umgang mit Nahrungsmitteln einschätzen

Nahrungsmittel werden überall auf der Welt hergestellt.
Manche kommen von weit her.

3 Werte die Übersicht aus.

**Transportwege
für Tomaten**

Herkunftsland	Entfernung
Niederlande	

4 Erforsche.
Wann werden Tomaten in Deutschland geerntet?

_____

Wieso sollten wir Tomaten aus Deutschland kaufen?

_____

_____

_____

Länge der Transportwege von in Deutschland verkauften Tomaten ermitteln; Reifezeit von Tomaten in
Deutschland erkunden, sich zum Transport von Nahrungsmitteln positionieren; dazu Fragen beantworten
und zum Kauf einheimischer Produkte anregen

S. 2, 3, 7

47

Wie sich Pflanzen verbreiten und vermehren

Damit Pflanzen wachsen können, müssen die Samen an fruchtbare Orte
gelangen. Dabei haben Pflanzen viele Helfer in der Natur, zum Beispiel:
einige Samen bleiben mit kleinen Widerhaken am Fell von Tieren hängen.
Andere haben Flügel oder Fallschirme. Sie werden durch den Wind verbreitet.
Viele Samen werden von Vögeln gefressen und dann wieder ausgeschieden.
Manche Samen werden vom Wasser tranportiert bis sie
an einer geeigneten Stelle landen und keimen.

1 Lies den Text. Notiere: Auf welchem Weg verbreiten sich Samen?

A	B	C	D
V	*W*	*W*	*F*

2 Klebe hier zwei Samen auf oder zeichne sie.
Schreibe die Namen der Pflanzen auf.

Erworbenes Wissen über die Verbreitung von Pflanzen durch Samen wiederholen und anwenden;
Samen sammeln, zwei Samen aufkleben und benennen

3 Wie verbreiten sich diese Pflanzen?
Ordne die Buchstaben **A** bis **D** aus Aufgabe 1 von Seite 48 richtig zu.

Seite 55			
Linde	Klette	Holunder	Weißdorn
	Seite 55		Seite 55
Ahorn	Löwenzahn	Birke	Vogelbeere
 Kletten-Labkraut	 Sumpfdotter-blume	 Vogelkirsche	 gelbe Teichrose

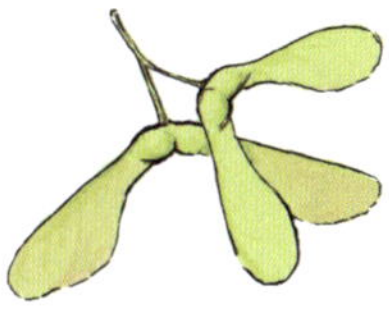

4 Erforsche: Wie kannst du diese Pflanzen vermehren?
Probiere es an einem Beispiel aus.

Buntnessel
Bogenhanf
Korkenzieher-Weide
Grünlilie

Erworbenes Wissen über die Verbreitung von Pflanzen durch Samen wiederholen und anwenden;
Bilder zur Pflanzenvermehrung beschreiben, dargestellte Vermehrungsmöglichkeiten erforschen und ausprobieren
(Buntnessel/Triebsteckling, Bogenhanf/Blattsteckling, Korkenzieherweide/Zweigsteckling, Grünlilie/Kindel)

 S. 7

49

Wir experimentieren

Beim Experimentieren löse ich meist ein Problem.
Ich vermute erst einmal, wie eine Lösung aussehen könnte.
Habe ich das Experiment durchgeführt, versuche ich das Ergebnis zu erklären.

1 Lies die Fragen. Vermute Lösungen. Suche auch Erklärungen:
im Internet, bei Experten oder in Sachbüchern.

Meine Vermutung: _____

_____

_____

Mein Ergebnis: _____

_____

_____

Warum trocknet
ein Föhn die Haare
schneller als ein
Frotteehandtuch?

Löst sich Zucker
schneller
in kaltem oder
in warmem Tee auf?

Meine Vermutung: _____

_____

_____

Mein Ergebnis: _____

_____

2 Was ist ein Experiment? Kreuze an.

☐ Eine Umfrage, um die Meinung von Menschen zu erforschen.

☐ Eine Sammlung getrockneter Pflanzen und Blätter

☐ Ein wissenschaftlicher Versuch, durch den man etwas entdeckt und beweist

Anliegen von Experimenten verstehen; zu Fragestellungen Vermutungen äußern, Experimente eventuell durchführen,
Ergebnisse sichern und Erklärungen finden, Ergebnisse und eigene Vermutungen vergleichen

S. 7

3 Schreibe das Protokoll zu einem Experiment auf, das du präsentieren möchtest.

? **1. Frage:**
Was will
ich wissen? _____

_____

?! **2. Vermutung:**
Was erwarte ich
als Ergebnis? _____

_____

3. Material:
Was brauche ich?

4. Durchführung:
Was tue ich?

5. Beobachtung:
Was beobachte ich? _____

_____

_____

4

! **6. Ergebnis:**
Was habe ich
herausgefunden? _____

_____

! **7. Auswertung:**
Wie erkläre ich die Beobachtung? _____

_____

_____

Zu einem Experiment selbstständig ein Protokoll schreiben, dazu die Schrittfolge des Experimentierens
nachvollziehen; das Protokollschema auch bei anderen Experimenten verwenden

51

Alte Brücken als steinerne Zeugen

 Lies den Text. Schreibe dazu Stichpunkte.

Die Alte Elsterbrücke in Plauen ist die zweitälteste erhaltene Steinbogenbrücke Sachsens. Sie wurde im Jahre 1244 eröffnet. Die Brücke war Teil der Stadtmauer. Am rechten Ufer stand ein mächtiger steinerner Wehrturm. Am linken Ufer erhob sich ein Zollhaus. Hier kontrollierten Brückenknechte die Wagen der Händler und kassierten für Wagen und Ladung den Brückenzoll. 2007 wurde die Brücke wiedereröffnet. Heute dient die 75 Meter lange und 5,50 Meter breite Bogenbrücke als Fußweg über die Weiße Elster.

Name: _____

Ort: _____

Konstruktion: *Bogenbrücke* _____

Länge: _____ Breite: _____

Eröffnung: _____

Wiedereröffnung: _____

früher: _____

_____

heute: *Fußweg* _____

Hinweis: *zweitälteste* _____

_____

2 Sammle Informationen über eine alte Brücke aus deiner Umgebung. Stelle die Brücke vor.

_____

_____

_____

_____

_____

_____

_____

Aus einem Sachtext Informationen in Stichpunkten entnehmen; selbst Informationen zu einer Brücke sammeln und diese in Textform oder in Stichpunkten notieren, eine Zeichnung anfertigen oder ein Bild zur Brücke einkleben, das Ergebnis präsentieren

S. 2, 3

Unser Kreis – ein Memory

1 Beschrifte die Memory-Kärtchen und klebe Bilder auf:
aus Zeitungen, Prospekten …
Du kannst auch selbst Bilder malen und aufkleben. Spiele das Memory.

Name der Kreisstadt _____ _____ _____	Klebe ein Bild von der Kreisstadt auf.	Name des Kreises _____ _____	Klebe einen Umriss des Kreises auf: Du kannst ihn von S. 20 abzeichnen.
Name einer Landschaft im Kreis _____ _____	Klebe ein Bild von der Landschaft auf.	Wappen der Kreisstadt _____ _____ _____	Klebe ein Bild des Wappens auf.
Name eines Gewässer im Kreis _____ _____ _____	Klebe ein Bild des Gewässers auf.	Eine Sehenswürdigkeit im Kreis _____ _____	Klebe ein Bild der Sehenswürdigkeit auf.
	Klebe ein passendes Bild auf.	Ein Handwerks- oder Industriebetrieb _____ _____	Klebe ein Bild des Betriebes auf.

Zum Ausschneiden

für Seite 30

für Seite 32

für Seite 49

Für Lehrkräfte: Übersicht zur Lehrplanpassung

Lernbereiche	Seiten im Schülerbuch 3	Seiten im Arbeitsheft 3
Zusammen leben und lernen	5–10, 23–28, 65–70	2–3, 8–9, 28–31
Mein Körper und meine Gesundheit	35–44, 101	12–15, 46–47
Begegnungen mit Pflanzen und Tiere	18–21, 32–33, 68–69, 71–80, 89–94, 95–101, 104	6–7, 30–31, 32–37, 42–43, 44–47
Begegnungen mit Phänomenen der unbelebten Natur	11–17, 22, 29–31, 34, 81–88, 102–103	4–5, 10–11, 38–39, 40–41
Begegnungen mit Raum und Zeit	45–64, 65–67, 70	6–17, 18–19, 20–25, 26–27, 28–29, 53
Festigung und Vernetzung	112	50–51
Wahlpflichtbereiche 1–8	60–64, 105–111	24–27, 48–49, 52